KÜHL-
SCHRANK
KOCHBUCH

Stefan Marquard

Inhalt

Schlemmer-
Gasse
Display-Karton
Display-Karton
Valensina

V o r w o r t

Sie kennen die Situation: Sie stehen ratlos vor Ihrem Kühlschrank und wissen nicht, was Sie kochen sollen? Für solche Fälle haben wir unser „Kühlschrank-Kochbuch“ gemacht. Es zeigt Ihnen, **wie Sie das Beste aus dem Inhalt Ihres Kühlschrankes herausholen**. Und wie Sie mit einfachen Mitteln kreative Gerichte schnell und leicht auf den Tisch zaubern - für jeden Anlass.

Das Gute daran: Sie müssen dazu nicht ein kleines Vermögen im Feinkost-Tempel ausgeben und nicht zum Gemüsemarkt pilgern, für die folgenden 46 Rezepte finden Sie alle Zutaten im Supermarkt an der Ecke.

Da kaum etwas unterschiedlicher ist als Kochkünste und Einkaufsgewohnheiten, haben wir unseren Kühlschrank über zwanzig Mal unterschiedlich bestückt und zeigen an diesen Beispielen, was Sie alles aus dem jeweiligen Inhalt machen können.

Für die **fortgeschrittenen Köche** mit mehr Zeit und Ambition das raffinierte Gericht, für die **eilige Küche zwischendurch** die einfachere Variante.

Und so wird's gemacht: Kühlschrank-Inhalt an Hand der mitgelieferten **Einkaufsliste** checken, im Supermarkt die fehlenden Zutaten einkaufen und loskochen.
Viel Vergnügen.

Stefan Marquard

ACETO
Mazzetti
DA CONSUMARSI PREFERIBILMENTE
OLIO EXTRA
VERGINE
DI OLIVA
SPREMUTO A FREDDO
NON FILTRATO
ONEGLIA IMPERIA
RAINERI

Eine kleine

Gebrauchsanweisung

Damit alles noch besser klappt, hier ein paar Tipps für die Praxis. Sie haben sich für ein Gericht entschieden? Dann gehts los:

Für den **Kühlschrank-Check** gibt es für jedes Rezept eine Einkaufsliste. Auf der können Sie abhaken, was Sie im Kühlschrank und im Grundvorrat bereits zu Hause haben und was Sie zusätzlich noch brauchen. Die konkreten Mengenangaben finden sie dann in der Zutatenliste des Rezepts.

Die Mengenangaben sind immer **für zwei Personen**. Das macht es leicht, die angegebenen Zutaten für den Single-Haushalt zu halbieren und für vier Personen können sie ebenso leicht verdoppelt werden.
Und weil das Kühlschrank-Buch so handlich ist, können Sie es auch ohne weiteres als **"Einkaufszettel"** mit in den Supermarkt nehmen.

Noch ein Tipp vom Profi: Lesen sie das Rezept vor dem Start bis zu Ende durch und legen Sie sich alle Zutaten für die Kochschritte zurecht. So kochen Sie viel entspannter.

Weitere Tipps rund um den Kühlschrank finden Sie auf Seite 153, und als Bonbon für besondere Anlässe hat Stefan Marquard auf Seite 154-155 einige nicht alltägliche Menüs für Sie zusammengestellt.

Diesen Grundvorrat sollten Sie im Hause haben:
Aceto Balsamico dunkel, Aceto Balsamico weiß, Butter, Curry, Dosentomaten, Geflügelfond, Glasnudeln, Grieß, Kümmel, Mehl, Pasta (verschiedene Sorten), Olivenöl, Paniermehl, Pfeffer, Pflanzenöl, Puderzucker, Safran, Salz, Saucenbinder, Sojasauce, Risotto- und Langkornreis, Zucker.

THOMY
Remoulade
THOMY
1999
TRENTINO
CHARDONNAY
TRENTINO
CHARDONNAY
CAVIT
Riesling Sekt
TROCKEN
evian
Eau Minérale Nature
evian
Eau Minérale Nature
evia
Eau Minérale

PRAWNS
Rotbarsch-Filet
AEG
CHIVERS
Olde English
CHIVERS
Crème fraîche
Crème fraîche
Rama
EMMENTALER SCHEIBEN
KAPERN
PHILADELPHIA
Limburger
Lacroix
DOPPELTE KRAFTBRÜHE
"Consommé double"
Lacroix
GEFLÜGEL FOND
Lacroix
GEFLÜGEL
EFKO
Schamel
Tafel MEERRETTICH
Specht
Paprika Salat
HEINZ 57
HEINZ TOMATO KETCHUP
Deller
1 l frische
Weihenstephan
Frischer Schlagrahm
LÖWENBRÄU
LÖWENBRÄU

Vorspeisen

Seite 10 bis Seite 29

1.

Salat von gebratenem Tafelspitz

mit geräuchertem Forellenfilet im Ziegenkäse-Mantel

2.

Marinierter Tafelspitz

mit Rosmarin-Kartoffeln

E i n k a u f s l i s t e

Tafelspitz oder Roastbeef
Forellenfilet
Ziegenkäse
Kartoffeln
Zucchini
Feldsalat
Petersilie, Schnittlauch
Suppengrün
Rosmarin, Kerbel
Knoblauch
Dijon-Senf, Rinderfond
Dill
Estragon
frischer Meerrettich

sowie Zutaten
aus dem Grundvorrat

Zutaten für 2 Personen

200 g gekochter Tafelspitz oder Roastbeef-Aufschnitt
2 EL Olivenöl
1 Zweig Rosmarin
1 Knoblauchzehe
2 EL weißer Aceto Balsamico
Salz, Pfeffer, Zucker
1 TL Dijon-Senf
6 EL Rinderfond
2 EL gehackte Kräuter (Kerbel, Dill, Estragon, Petersilie)
1 Zucchini
150 g Ziegenkäse
100 g geräuchertes Forellenfilet
1 Hand voll Feldsalat

Salat von gebratenem Tafelspitz mit geräuchertem Forellenfilet im Ziegenkäse-Mantel

Zubereitungszeit 60 min

Tafelspitz, in 3 mm dicke Scheiben geschnitten, oder Roastbeefscheiben, in einer Pfanne in Olivenöl mit Rosmarinzweig und Knoblauch goldgelb anbraten, zur Seite stellen. (Zubereitungszeit 10 min)

Vinaigrette aus weißem Aceto Balsamico, 1 EL Olivenöl, Salz, Pfeffer, Zucker und 1 TL Dijon-Senf zubereiten, 6 EL Rinderfond und die gehackten, gemischten Kräuter zugeben. Den Tafelspitz darin abgekühlt marinieren. (10 min)

Zucchini der Länge nach in 3 mm dicke Scheiben schneiden, mit Salz und Pfeffer würzen, von beiden Seiten in 1 EL Olivenöl goldgelb anbraten; auf Küchenkrepp entfetten, dann auf eine Folie leicht überlappend nebeneinander legen. Den Ziegenkäse glatt rühren und ca. 1 cm dick auf die Zucchini-Scheiben streichen. Das Forellenfilet quer darauf legen, mit Kräutern bestreuen und mit Hilfe der Folie einrollen. Schräg in zwei Portionen schneiden. Feldsalat waschen, trockenschleudern und auf dem Fleisch anrichten, dabei kurz durch die Marinade ziehen.
(40 min)

Zutaten für 2 Personen

200 g gekochter Tafelspitz
oder Roastbeef-Aufschnitt
2 EL weißer Aceto Balsamico
2 EL Olivenöl
Salz, Pfeffer, Zucker
1 TL Dijon-Senf
6 EL Tafelspitzfond
2 EL gehackte Kräuter
(Kerbel, Dill,
Estragon, Petersilie)
etwas frischer Meerrettich
150 g Kartoffeln
1 Knoblauchzehe
5 Zweige Rosmarin,
fein gehackt
1 TL Butter

Marinierter Tafelspitz mit Rosmarin-Kartoffeln

Zubereitungszeit 35 min

Tafelspitz oder Roastbeef sehr dünn aufgeschnitten und auf zwei Tellern anrichten. (Zubereitungszeit 5 min)

Vinaigrette aus Aceto Balsamico, 1 EL Olivenöl, Salz, Pfeffer, Zucker und Dijon-Senf zubereiten, Tafelspitz-Fond und die gehackten, gemischten Kräuter zugeben. Die Vinaigrette über das Fleisch geben. (10 min)

Kartoffeln in 1 cm große Würfel schneiden, in Olivenöl anbraten, auf kleiner Flamme eine ganze Knoblauchzehe und fein gehackten Rosmarin mitbraten, mit Butter, Salz und Pfeffer abschmecken, weiterbraten, bis die Kartoffelwürfel gar sind.
(20 min)

Zum Schluss dem frischen Meerrettich über das marinierte Fleisch reiben und sofort die Kartoffeln darüber verteilen.

A&P
THUNFISCH-FILETS
SPITZENQUALITÄT
Saft und Aufguß
DELPHIN FREUNDLICH GEFANGEN
DOLFIJN VRIENDELIJK GEVANGEN
Hergestellt in: siehe Boden
Geproduceerd in: zie bodem

1.

Thunfisch-Mousse

mit Salat von gebratenen Gnocchi und Salatgurke

2.

Gratinierte Rahm-Gnocchi

mit Thunfisch-Gurken-Mayonnaise

E i n k a u f s l i s t e

Thunfisch
Gnocchi
Parmesan
Sahne, Sauerrahm
Gelatine
Mayonnaise
Kapern
Tomate
Karotten
Salatgurke
rote Zwiebeln
Dill, Rosmarin
glatte Petersilie
Basilikum
Zitrone

sowie Zutaten
aus dem Grundvorrat

Zutaten für 2 Personen

4 Blatt weiße Gelatine
200 g Thunfisch (Dose)
Salz, Pfeffer
etwas Zitronensaft
50 ml geschlagene Sahne
250 g Gnocchi
2 EL Olivenöl
2 Zweige Rosmarin, fein gehackt
1/2 Salatgurke
Zucker
3 EL dunkler Aceto Balsamico
1 rote Zwiebel
2 EL weißer Aceto Balsamico
etwas grob gehackter Dill
1 kleine Karotte
Parmesan

Thunfisch-Mousse mit Salat von gebratenen Gnocchi und Salatgurke

Zubereitungszeit 60 min

Thunfisch-Mousse: Gelatine einweichen. Thunfisch abtropfen lassen, im Mixer pürieren, mit Salz, Pfeffer und Zitronensaft abschmecken; eingeweichte Gelatine tropfnass in einem kleinen Topf erwärmen, auflösen und unter den Thunfisch rühren. Geschlagene Sahne unterheben; Masse in zwei Espresso-Tasse füllen, kalt stellen. (Zubereitungszeit 30 min)

Gnocchi ca. 2 min in Salzwasser ziehen lassen, abtropfen und in Olivenöl mit Rosmarin kräftig anbraten. (10 min)

Gurke waschen, halbieren, Kerne entfernen und die Hälften noch einmal der Länge nach durchschneiden, dann schräg in Scheiben schneiden. Gnocchi nach dem Anbraten in eine Schüssel geben, Gurkenscheiben in die Pfanne legen, kurz anschwitzen, Salz, Pfeffer und Zucker zugeben. Mit dunklem Balsamico ablöschen und zu den Gnocchi geben, mit etwas Olivenöl, weißem Balsamico, Dill und in halbe Ringe geschnittener, roter Zwiebel abschmecken. Das Ganze mit der Thunfisch-Mousse anrichten, Karottenstreifen und Parmesanspäne darüber geben. (20 min)

Zutaten für 2 Personen

1/4 l Geflügelfond

1 Tomate

250 g Gnocchi

2 EL Sauerrahm

Salz, Pfeffer, Zucker

1 kleines Bund Basilikum

50 g Parmesan

200 g Thunfisch (1 Dose)

1/4 Salatgurke

2 EL Kapern

2 EL Mayonnaise

Gratinierte Rahm-Gnocchi mit Thunfisch-Gurken-Mayonnaise

Zubereitungszeit 40 min

Gnocchi: Geflügelfond aufkochen, gewürfelte Tomate, Gnocchi und Sauerrahm zugeben, sämig einkochen, mit Salz, Peffer und Zucker abschmecken. Grob geschnittenes Basilikum zugeben. Auf zwei tiefe Teller verteilen und mit geriebenem Parmesan im vorgeheizten Ofen gratinieren. (Zubereitungszeit 30 min)

Mayonnaise: Den Thunfisch grob hacken, die gewaschene Gurke halbieren, Kerne herauskratzen und in Würfel schneiden. Die Gurkenwürfel und die Kapern zum Fisch geben, gut mischen, Mayonnaise unterrühren; eventuell nachwürzen. (5 min)

traditioneller
handgekäster
Allgäuer
EWG

1.

Salat von mariniertem Staudensellerie

mit gebackenem Limburger Käse und Salami-Brotsalat

2.

Süß-saurer Limburgersalat

mit Rosinen und Staudensellerie

E i n k a u f s l i s t e

Limburger Käse
italienische Salami
Sauerteigbrot
Honig, Eier
Frittierfett
Rosinen
Kirschtomaten
Thymian
Knoblauch, Schnittlauch
Staudensellerie
Salbei, rote Zwiebeln
Schalotten
Walnüsse
Traubenkernöl
Rotwein

sowie Zutaten
aus dem Grundvorrat

Zutaten für 2 Personen

200 g Staudensellerie

2 EL weißer Aceto Balsamico

2 EL Traubenkernöl

Salz, Pfeffer, Zucker

20 g Walnüsse

10 Kirschtomaten

4 EL Olivenöl

2 Scheiben Sauerteigbrot

1 Knoblauchzehe

4 Salbeiblätter

1 Zweig Thymian

80 g italienische Salami

1 Schalotte

4 EL dunkler Aceto Balsamico

200 g Limburger Käse

etwas Mehl

2 Eier

100 g Paniermehl

50 g Fritierfett

Salat von mariniertem Staudensellerie mit gebackenem Limburger Käse und Salami-Brotsalat

Zubereitungszeit 50 min

Staudensellerie sehr fein schneiden. Aus Wasser, weißem Aceto Balsamico, Traubenkernöl, Salz, Pfeffer und Zucker eine Marinade herstellen und den Staudensellerie darin marinieren; Walnüsse darüber streuen. Die Kirschtomaten in einer Pfanne mit 2 EL Olivenöl kurz anbraten, mit Zucker karamelisieren, mit Salz und Pfeffer abschmecken und den marinierten Staudensellerie damit garnieren. (Zubereitungszeit 15 min)

Sauerteigbrot entrinden und in Dreiecke schneiden, mit Knoblauch, Salbei und Thymian anbraten. In einer Schüssel geschnittene Salamistreifen, Schalottenringe und Brot mischen. Mit Salz, Pfeffer, Zucker, Olivenöl und dunklem Aceto Balsamico abschmecken. (15 min)

Limburger Käse in 1,5 cm dicke Scheiben schneiden, pfeffern, nacheinander in Mehl, verquirlten Eiern und Paniermehl wenden. In einer tiefen Pfanne in heißem Fritierfett ausbacken und auf dem Staudensellerie anrichten. (20 min)

Zutaten für 2 Personen

2 EL weißer Aceto Balsamico

4 EL Traubenkernöl

Salz, Pfeffer

4 EL Wasser

200 g Limburger Käse

2 EL Rosinen

100 g Staudensellerie

1 Bund Schnittlauch

1 rote Zwiebel

Sauerteigbrot

Butter

Süß-saurer Limburgersalat mit Rosinen und Staudensellerie

Zubereitungszeit 20 min

Marinade: Aus Aceto Balsamico, 2 EL Traubenkernöl, Salz, Pfeffer und 1 EL Wasser eine Marinade herstellen. Den Limburger Käse in 1/2 cm dicke Scheiben schneiden und anrichten, die Marinade darüber gießen. (Zubereitungszeit 5 min)

Die Rosinen und den fein geschnittenen Staudensellerie in Traubenkernöl anschwitzen und über den Käse geben.
(10 min)

Schnittlauch und rote Zwiebel in feine Ringe schneiden und als Garnitur anrichten. Dazu passt Sauerteigbrot mit Butter. (5 min)

Zwischengerichte

Seite 30 bis Seite 79

1.

Safran-Risotto mit
glasierten Hühnerherzen und grünem Spargel

2.

Spargelessenz
mit Schmelzzwiebel-Crostini

E i n k a u f s l i s t e

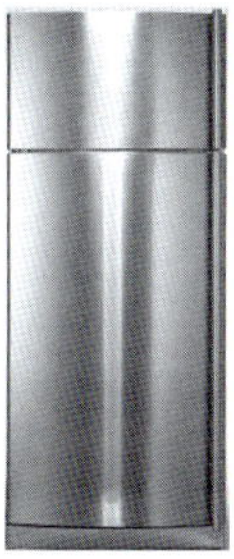

Hühnerherzen
Parmesan
Baguette
Sahne
grüner Spargel
Schalotten
Knoblauch
Thymian
Rosmarin
Petersilie
Schnittlauch
Zitrone
Weißwein

sowie Zutaten
aus dem Grundvorrat

Zutaten für 2 Personen

250 g grüner Spargel
Salz, Zucker
2 EL Olivenöl
2 Schalotten
2 Knoblauchzehen
2 Zweige Thymian
80 g Risotto-Reis
8 EL Weißwein
80 g Butter
3/4 l Geflügelfond
0,1 g Safran-Fäden
50 g geriebener Parmesan
2-3 EL geschlagene Sahne
160 g Hühnerherzen
1 Zweig Rosmarin
frisch gemahlener Pfeffer
4 EL dunkler Aceto Balsamico
1 EL gehackte Petersilie
4 EL Zitronensaft
1 kleines Bund Schnittlauch

Safran-Risotto mit glasierten Hühnerherzen und grünem Spargel

Zubereitungszeit 60 min

Spargel in 4 cm lange Stücke schneiden und in Salzwasser mit 1 Prise Zucker ca. 4 min blanchieren. (Zubereitungszeit 10 min)

Risotto: 1 EL Olivenöl erhitzen, 1 gehackte Schalotte, 1 mit dem Messerrücken angeschlagene Knoblauchzehe und Thymian darin anschwitzen. Reis dazugeben, salzen, anschwitzen, bis die Schalotten zu bräunen beginnen. Mit Weißwein ablöschen, 1 Butterflocke zugeben, nach und nach ca. 0,5 l heißen Geflügelfond zugeben, damit der Kochvorgang nicht unterbrochen wird. Auf kleiner Flamme weiterkochen, nach 25-30 min Safran-Fäden, Parmesan und geschlagene Sahne unterheben. (35 min)

10 Minuten bevor der Risotto fertig ist:
Hühnerherzen: Fettrand entfernen, halbieren und mit geschnittenem Knoblauch und Schalotten in einer Pfanne anschwitzen. 1/2 EL Butter und einen Zweig Rosmarin beigeben. Salzen, pfeffern und mit 1 Prise Zucker karamelisieren. Die Herzen aus der Pfanne nehmen, den Bratensatz mit Aceto Balsamico ablöschen, etwas Geflügelfond aufgießen, bis zur Bindung einkochen. Die Herzen dazugeben, durchscnwenken, Petersilie untermischen. (10 min)

Kurz vor dem Anrichten Butter, Zitronensaft und Geflügelfond einkochen. Spargel darin glasieren und mit geschnittenem Schnittlauch garnieren. (5 min)

Zutaten für 2 Personen

250 g grüner Spargel
1/2 l Geflügelfond
Salz, Pfeffer, Zucker
1 Bund Schnittlauch
2 Schalotten
40 g Butter
1 Zweig Rosmarin
1 Knoblauchzehe
1 Zweig Thymian
4 Scheiben Baguette
4 EL Olivenöl

Spargelessenz mit Schmelzzwiebel-Crostini

Zubereitungszeit 20 min

Spargel in 1 cm breite schräge Scheiben schneiden und im Geflügelfond ca. 4 min kochen. Mit Salz, Pfeffer und Zucker abschmecken. Den feingeschnittenen Schnittlauch dazugeben. (Zubereitungszeit 8 min)

Crostini: Gewürfelte Schalotten zusammen mit Rosmarin, Knoblauch und Thymian in Butter glasig dünsten. Baguette-Scheiben in Ölivenöl beidseitig in der Pfanne goldgelb anbraten und mit der Spargelessenz anrichten. (10 min)

1.

Penne in Salsa picante

mit gebratenen Artischocken und Pesto

2.

Tomatensalat

mit Artischocken-Vinaigrette

E i n k a u f s l i s t e

Parmesan
getrocknete Chili-Schote
Pinienkerne
Artischocken
Strauchtomaten
Knoblauch
Basilikum
Thymian
Rosmarin
weiße Zwiebel
Petersilie
Weißwein
Dijon-Senf

sowie Zutaten
aus dem Grundvorrat

Zutaten für 2 Personen

2 Knoblauchzehen

1 EL Pinienkerne

1 kleines Bund Basilikum

6 EL Olivenöl

Salz, Pfeffer, Zucker

30 g Parmesan

2 Baby-Artischocken

2 Zweige Rosmarin

2 Zweige Thymian

1 EL Butter

1 Bund Petersilie

250 g Penne

4 Strauchtomaten

1 getrocknete Chili-Schote

1 weiße Zwiebel

2 EL Weißwein

Penne in Salsa picante mit gebratenen Artischocken und Pesto

Zubereitungszeit 25 min

Pesto: 1 Knoblauchzehe, Pinienkerne, Basilikum und 4 EL Olivenöl mit dem Pürierstab pürieren, mit Salz, Pfeffer und Zucker abschmecken, den geriebenen Parmesan zugeben. (Zubereitungszeit 4 min)

Artischocken: starke Blätter abbrechen, sichtbaren Boden über dem Ansatz der Mittelblätter abschneiden, holzige Teile und Stroh in der Bodenwölbung entfernen. Artischockenböden klein schneiden und in 1 EL Olivenöl mit Rosmarin, Thymian, Knoblauchzehe und Butter goldgelb anbraten. Mit Salz, Pfeffer und Zucker würzen und die gehackte Blattpetersilie zugeben. (10 min)

Penne in Salzwasser ca. 11 min abkochen, abtropfen.

Während die Nudeln kochen:
Salsa picante: die Strauchtomaten und die geschälte Zwiebel grob würfeln, mit Olivenöl, Salz, Zucker und der Chili-Schote sämig einkochen, mit Weißwein verfeinern. Penne untermischen. (11 min)

Zutaten für 2 Personen

4 Strauchtomaten

Salz, Pfeffer

2 mittelgroße Artischocken

1 Zwiebel

4 EL Olivenöl

2 EL weißer Aceto Balsamico

4 EL Geflügelfond

1 TL. Dijon-Senf

Zucker

1 kleines Bund Basilikum

Tomatensalat mit Artischocken-Vinaigrette

Zubereitungszeit 20 min

Tomaten waschen, in dünne Scheiben schneiden, auf zwei flachen Tellern anrichten, salzen und pfeffern. (Zubereitungszeit 5 min)

Vinaigrette: Von den Artischocken Stiel, Blätter und Heu entfernen. Den Artischockenboden in Würfel schneiden und mit der kleingehackten Zwiebel in Olivenöl anschwitzen. Mit weißem Aceto Balsamico ablöschen und mit Geflügelfond einkochen. Mit Dijon-Senf, Salz, Pfeffer und Zucker abschmecken, über die Tomaten geben und mit feingeschnittenem Basilikum garnieren. (15 min)

1.

Gamba-Vanille-Peperonata

mit Makkaroni

2.

Makkaroni-Paprika-Auflauf

Einkaufsliste

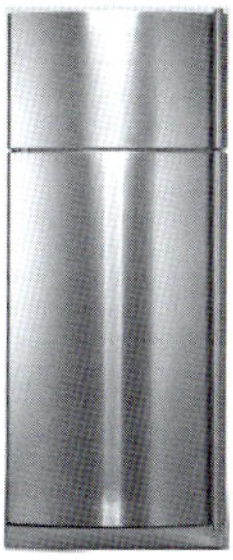

frische Gambas
Sahne
geriebener Emmentaler
Parmesan
Eier
gelber und roter Paprika
Kerbel
Petersilie, Schnittlauch
Basilikum, Estragon
Dill
Muskat
Vanilleschoten
trockener Wermut

sowie Zutaten
aus dem Grundvorrat

Zutaten für 2 Personen

200 g Makkaroni
Salz
1 mittelgroße rote Paprika
1 mittelgroße gelbe Paprika
30 g Butter
Pfeffer, Zucker
4 EL trockener Wermut
1/4 l Geflügelfond
1 Vanilleschote
250 g rohe Gambas
ohne Kopf (TK)
1 EL gehackter Kerbel
30 g geriebener Parmesan
1 Bund Schnittlauch

Gamba-Vanille-Peperonata mit Makkaroni

Zubereitungszeit 50 min

Makkaroni in Salzwasser weich kochen, abgießen, kalt abschrecken und abtropfen lassen. (Zubereitungszeit 15 min)

Gamba-Vanille-Peparonata: Rote und gelbe Paprika waschen, putzen, in Streifen schneiden und in der Hälfte der Butter anschwitzen. Mit Salz, Pfeffer und Zucker abschmecken, mit dem Wermut ablöschen. Geflügelfond angießen, das Mark aus den Vanilleschote streichen und das Ganze einkochen lassen, bis die Paprika schön weich sind. Währenddessen die Gambas schälen, je nach Größe halbieren und zum Schluss ca. 1 min mitgaren lassen, dabei den Kerbel zugeben. (30 min)

Die Makkaroni mit 2 EL Wasser, Butter, Parmesan, geschnittenem Schnittlauch, Salz und Pfeffer in einer Pfanne anschwenken. Spiralförmig auf die Teller drapieren. Tipp: Alternativ dazu können die Makkaroni auch kurz vor dem Servieren im Backofen erwärmt werden. Auf der Pasta die Gamba-Vanille-Peperonata anrichten. (5 min)

Zutaten für 2 Personen

250 g Makkaroni

Salz

1 mittelgroße rote Paprika

1 mittelgroße gelbe Paprika

3 Eier

200 ml Sahne

2 EL gehackte Kräuter (Kerbel, Petersilie, Estragon, Dill, Basilikum)

Pfeffer

Muskat

Butter für die Form

150 g geriebener Emmentaler

Makkaroni-Paprika-Auflauf

Zubereitungszeit 75 min

Makkaroni in Salzwasser al dente kochen, abgießen, abschrecken, abtropfen lassen.
Währenddessen die Paprika halbieren, entkernen und 15 min im vorgeheizten Ofen bei 200 °C backen. Dann die Haut abziehen.
(Zubereitungszeit 30 min)

Royal: Eier, Sahne und gehackte Kräuter verquirlen (eine Royal herstellen), mit Salz, Pfeffer und Muskat abschmecken. (5 min)

Eine Auflaufform ausbuttern und wie folgt einschichten: Makkaroni, Royal, Emmentaler, Paprika, Royal, Emmentaler, Makkaroni usw. Zum Schluss noch einmal mit dem geriebenen Emmentaler bestreuen und 20 bis 30 min im Ofen bei 180 °C backen bis der Käse goldgelb ist. (40 min)

PREMIUM-QUALITÄT
AZIFIK WILDLACHSFILETS

1.

Lachs-Piccata auf Farfalle

in Estragon-Butter-Sauce und Brokkoli-Stibbe

2.

Brokkoli-Gemüse

mit Butterlachs

E i n k a u f s l i s t e

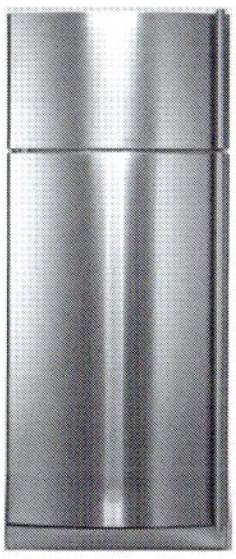

Lachsfilet
Bacon
Parmesan
Eier
Mandelblättchen
Lorbeerblätter
Muskatnuss
gemahlener Koriander
Ochsenschwanzfond (Dose)
Milch
Brokkoli
Zwiebeln
Zitronensaft
Estragon, Thymian
Rosmarin
Knoblauch

sowie Zutaten
aus dem Grundvorrat

Zutaten für 2 Personen

150 g Farfalle
Salz
100 g Butter
4 EL weißer Aceto Balsamico
Pfeffer, Zucker
200 ml Ochsenschwanzfond
1/8 l Milch
200 g Lachsfilet
(in 2 Portionsstücken)
2 EL Zitronensaft
1 Msp. gemahlener Koriander
2 Eier
50 g geriebener Parmesan
2 EL Mehl
1 Bund Estragon
6 EL Pflanzenöl
50 g Zwiebel
50 g Bacon
150 g Brokkoli

Lachs-Piccata auf Farfalle in Estragon-Butter-Sauce und Brokkoli-Stibbe

Zubereitungszeit 30 min

Farfalle in Salzwasser al dente kochen. Abgießen, abschrecken und abtropfen lassen. (Zubereitungszeit 10 min)

Buttersauce: Butter, Aceto Balsamico, Pfeffer, Salz und Zucker in den Ochsenschwanzfond geben, auf die Hälfte einkochen. Milch dazugeben, erhitzen, nachwürzen. (15 min)

Während die Buttersauce einkocht:
Lachs-Piccata: Die Lachstranchen salzen, mit Zitronensaft beträufeln und mit Koriander würzen. 2 Eier verquirlen, Parmesan unterrühren, salzen und pfeffern. Mehl und 1/2 Bund gehackten Estragon untermischen. Den Lachs durch diese Masse ziehen und in reichlich Pflanzenöl beidseitig kurz anbraten. Dann ca. 6 min bei 160 °C in den vorgeheizten Ofen schieben. (15 min)

Brokkoli: in Spalten geschnittene Zwiebel, Bacon in Streifen und kleine Brokkoliröschen in Butter anschwitzen, mit Salz und Pfeffer würzen. Die Farfalle zugeben und mit anwärmen. (5 min)

Buttersauce mit dem Zauberstab aufschäumen. Farfalle und Lachs anrichten, mit Buttersauce und Estragon garnieren.

Zutaten für 2 Personen

250 g Lachsfilet
Salz
2 Msp. gemahlener Koriander
6 EL Zitronensaft
Zucker
30 g Butter
Pfeffer
1 Knoblauchzehe
1 Zweig Thymian
1 Zweig Rosmarin
1 Lorbeerblatt
350-400 g Brokkoli
150 ml Geflügelfond
1 Msp. Muskat
50 g Mandelblättchen

Brokkoli-Gemüse mit Butter-Lachs

Zubereitungszeit 40 min

Butter-Lachs: Lachsfilet in etwa 1,5 cm breite Streifen schneiden und auf ein Kuchengitter legen. Mit Salz, Koriander, Zitronensaft und Zucker würzen. Die Butter mit Knoblauch, Thymian, Rosmarin und dem Lorbeerblatt 2 bis 3 min aufkochen lassen und die Lachsstreifen damit bestreichen. In eine kleine Auflaufform legen und bei 120 °C im Ofen ca. 6 bis 7 min glasig garen.
(Zubereitungszeit 25 min)

Während der Lachs im Ofen gart:
Brokkoli in Röschen schneiden, den Geflügelfond mit Salz, Pfeffer und Muskat aufkochen, die Brokkoli-Röschen zugeben und ca. 5 bis 6 min bissfest garen. Die Mandelblättchen in der restlichen Butter goldbraun anbraten und über den Brokkoli streuen. (15 min)

1.

Spinat-Suppe

mit Braten-Ravioli

2.

Gebratener Petersilienspinat

mit Braten-Gröstl und Orangen-Schnittlauch-Butter

E i n k a u f s l i s t e

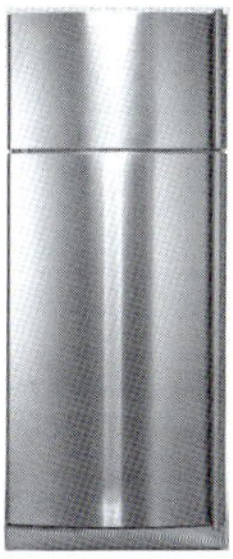

Bratenaufschnitt
oder Reste vom Braten

Milch, Eier
Parmesan
Muskat
frischer Spinat
Schalotten
Knoblauch
Rosmarin
Thymian
Schnittlauch, Petersilie
Pinienkerne
Orangensaft
Weißwein

sowie Zutaten
aus dem Grundvorrat

Zutaten für 2 Personen

1 Ei
100 g Mehl
Salz, Muskatnuss
1/8 l Weißwein
2 Schalotten
1/2 l Geflügelfond
Pfeffer, Zucker
1 Knoblauchzehe
1/4 l Milch
100 g frischer Blattspinat
40 g Butter
2 EL Olivenöl
100 g Bratenaufschnitt
oder Bratenreste
1 kleines Bund Petersilie
2 EL Pinienkerne
1 Zweige Thymian
1 Zweige Rosmarin
25 g geriebener Parmesan
2 TL dunkler Aceto Balsamico

Spinat-Suppe mit Braten-Ravioli

Zubereitungszeit 80 min

Nudelteig: Aus Ei, Mehl, Grieß, Salz und etwas geriebener Muskatnuss einen Nudelteig herstellen, in Klarsichtfolie einwickeln und 1 Std. ruhen lassen. (Zubereitungszeit 60 min)

Während der Nudelteig ruht:
Suppe: 1 Schalotte schälen, grob schneiden, mit Geflügelfond, Salz, Pfeffer, Zucker und Knoblauch auf etwa 1/3 einkochen, mit Milch auffüllen, den geschnittenen Spinat dazugeben und fein pürieren. Anschließend aufkochen, mit Muskat und Weißwein abschmecken, 1/2 EL Butter dazugeben und mit dem Zauberstab aufmixen. (15 min)

Füllung: Schalotte schälen, fein würfeln und in Olivenöl andünsten. Fertigen Braten bzw. Bratenrest würfeln, dazugeben. Geschnittene Petersilie dazugeben sowie gehackte Pinienkerne, feingeschnittenen Thymian und Rosmarin, Parmesan und Aceto Balsamico untermischen. (5 min)

Den Nudelteig auf ca. 1 mm Stärke ausrollen und im Abstand von 3 cm die Füllung setzen. Die Zwischenräume mit wenig Wasser bestreichen, eine zweite Teiglage darüberlegen, andrücken und Ravioli ausschneiden. In Salzwasser je nach Größe 3 bis 6 min kochen. Mit einem Schaumlöffel herausnehmen und in 1/2 EL Butter und gehackter Petersilie ausschwenken. (20min)

Zutaten für 2 Personen

200 g Bratenaufschnitt oder Bratenreste

2 Schalotten

2 Knoblauchzehen

2 Zweige Rosmarin

4 EL Petersilienblätter

2 EL Olivenöl

Salz, Pfeffer

200 g Spinat

20 g Butter

1 Msp. Muskatnuss

2 EL Pinienkerne

25 g Parmesan

1/4 l Orangensaft

1 kleines Bund Schnittlauch

Gebratener Petersilienspinat mit Braten-Gröstl und Orangen-Schnittlauch-Butter

Zubereitungszeit 45 min

Braten bzw. Bratenrest in mundgerechte Stücke schneiden und mit 1 grob zerkleinerten Schalotte, 1 Knoblauchzehe, Rosmarin und den grob gehackten Petersilienblättchen in Olivenöl anbraten, salzen und pfeffern. (Zubereitungszeit 20 min)

Spinat in 1/2 EL Butter, mit Knoblauch und der geschnittenen Schalotte anbraten; mit Salz, Pfeffer und Muskat würzen, die Pinienkerne und etwas geriebenen Parmesan darübergeben. (15 min)

Orangensaft einkochen, salzen und pfeffern, mit Butter aufmixen, fein geschnittenen Schnittlauch unterrühren. Über den Spinat gießen. (10 min)

1.

Karottensuppe

mit lauwarm gebeiztem Kaninchenrücken und Grießnockerln

2.

Gebratene Grießnockerln auf Vichy-Karotten

E i n k a u f s l i s t e

Kaninchenrücken-Filet
Eier
Koriander, gemahlen
Muskatnuss, Kapern
Nockerl-Grieß
Rosinen
Pinienkerne
Karotten, Schalotten
Petersilie, Knoblauch
Thymian, Rosmarin
Zitrone
Karottensaft
Orangensaft
Mineralwasser

sowie Zutaten
aus dem Grundvorrat

Zutaten für 2 Personen

2 EL Butter
1 Ei
Salz
1 Msp. Muskatnuss
1 Päckchen Nockerl-Grieß
100 g Karotten
100 g Schalotten
1/4 l Orangensaft
1/2 l Karottensaft
Pfeffer, Zucker
1 Prise gemahlener Koriander
160 g Kaninchenrücken-Filet
1 Knoblauchzehe
1 Zweig Rosmarin
1 Zweig Thymian
4 EL Olivenöl
1 EL Rosinen
1 EL Kapern
1 EL Pinienkerne
2 EL Aceto Balsamico
1 EL gehackte Petersilie

Karottensuppe mit lauwarm gebeiztem Kaninchen-Rücken und Grießnockerln

Zubereitungszeit 65 min

Grießnockerln: Zwei Drittel der Butter mit dem Ei schaumig rühren, mit Salz und Muskat abschmecken, den Grieß einrühren, bis eine feste Masse entsteht (siehe Packung). Die Nockerln mit einem Teelöffel abstechen, in siedendem Wasser ca. 20 min ziehen lassen. (Zubereitungszeit 30 min)

Suppe: Karotten und Schalotten klein schneiden, in 1/2 EL Butter anschwitzen, mit Orangensaft ablöschen und einkochen. Anschließend den Karottensaft dazugeben, aufkochen und mit Salz, Pfeffer, Zucker und Koriander abschmecken. (20 min)

Kaninchenrücken-Filet salzen, pfeffern, mit Knoblauch, Rosmarin und Thymian in Olivenöl anbraten und aus der Pfanne nehmen. Bei 160 °C 4 bis 5 min ins Rohr schieben. Die Rosinen mit den Kapern und den Pinienkernen in derselben Pfanne mit Olivenöl anbraten bis die Rosinen aufgehen, mit Salz, Pfeffer, Zucker abschmecken und mit Aceto Balsamico ablöschen. Kaninchenrücken-Filet in Scheiben schneiden, die Marinade dazugeben und 10 min ziehen lassen.
(15 min)

Die Nockerln in der Suppe anrichten und mit Petersilie bestreuen, das Filet zur Suppe servieren.

Zutaten für 2 Personen

45 g Butter

1 Ei

Salz

1 Msp. Muskatnuss

1 Päckchen Nockerl-Grieß

2 Schalotten

300 g Karotten

Zucker, Pfeffer

1/8 l Mineralwasser

4 EL Zitronensaft

1 EL gehackte Blattpetersilie

Gebratene Grießnockerln auf Vichy-Karotten

Zubereitungszeit 30 min

Grießnockerln: 30 g weiche Butter mit dem Ei schaumig rühren, mit Salz und Muskat abschmecken, den Grieß einrühren, bis eine feste Masse entsteht (siehe Packung). Die Nockerln mit einem Teelöffel abstechen, in siedendem Wasser ca. 20 min ziehen lassen. (Zubereitungszeit 30 min)

Während die Nockerln ziehen:
Vichy-Karotten: die fein gehackten Schalotten in 1 EL Butter anschwitzen, die geschnittenen Karotten dazugeben, zuckern, salzen und pfeffern. Mit Mineralwasser weichdünsten und mit etwas Muskat und Zitronensaft abschmecken. (15 min)

Die fertigen Nockerln in 1/2 EL Butter mit der Petersilie zusammen anbraten und anrichten.

AEG
BAUCHSPECK

1.

Bohneneintopf

mit Lorbeer-Kartoffeln und gebratenem Wammerl

2.

Lauwarmer Bohnensalat auf saurem Kartoffel-Gemüse

mit knusprigem Speck

E i n k a u f s l i s t e

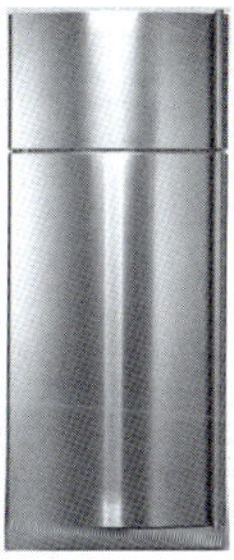

geräuchertes Bauchfleisch
oder Wammerl

Sahne
Bobbybohnen
Lorbeerblätter
Meersalz
Traubenkernöl
Dijon-Senf
kleine Kartoffeln
Zwiebeln
Knoblauch
Schnittlauch
Bohnenkraut
Weißwein

sowie Zutaten
aus dem Grundvorrat

Zutaten für 2 Personen

250 g geräuchertes Wammerl

1 TL Pflanzenöl

1 kleine Zwiebel

4 Zweige Bohnenkraut

1 Knoblauchzehe

1/4 l Geflügelfond

6 kleine Kartoffeln

(vorwiegend festkochend)

6 Lorbeerblätter

1 TL Meersalz

2 EL Olivenöl

6 EL Weißwein

1/8 l Sahne

200 g Bobbybohnen

Bohneneintopf mit Lorbeer-Kartoffeln und gebratenem Wammerl

Zubereitungszeit 60 min

Wammerl in 2 cm dicke Scheiben schneiden und in 1 TL Pflanzenöl anbraten. Aus der Pfanne nehmen, geschnittene Zwiebel mit Bohnenkraut und Knoblauchzehe darin anbraten und mit Geflügelfond ablöschen. Das Wammerl dazugeben und 40 bis 45 min ziehen lassen. (Zubereitungszeit 50 min)

Nach etwa 15 min Garzeit des Wammerls:
Kartoffeln der Länge nach zur Hälfte einschneiden, Lorbeerblatt einschieben, mit Meersalz würzen und in Olivenöl in einer ofenfesten Pfanne anbraten. Danach mit dem Weißwein ablöschen und bei 180 °C im Ofen ca. 20 min garen. (25 min)

Das Wammerl aus der Pfanne nehmen, die Sahne und die geschnittenen Bohnen dazugeben und in ca. 10 min weichkochen. Das Bohnengemüse mit den Wammerl-Scheiben anrichten. (10 min)

Zutaten für 2 Personen

200 g Bobbybohnen
1 Knoblauchzehe
4 Zweige Bohnenkraut
2 kleine Zwiebeln
1 TL Butter
1 TL Dijon-Senf
4 EL weißer Aceto Balsamico
2 EL Traubenkernöl
Salz, Pfeffer, Zucker
6 kleine Kartoffeln
(vorwiegend festkochend)
1/4 l Geflügelfond
1 TL Pflanzenöl
1 TL Mehl
1/8 l Sahne
100 g Wammerl
1 kleines Bund Schnittlauch

Lauwarmer Bohnensalat auf saurem Kartoffel-Gemüse mit knusprigem Speck

Zubereitungszeit 30 min

Bohnen ca. 15 min in Salzwasser kochen. Knoblauch, Bohnenkraut und geschnittene Zwiebel in Butter anschwitzen, Senf, 1 EL Wasser, 2 EL Aceto Balsamico und Traubenkernöl dazugeben, salzen, pfeffern, zuckern und die weichen Bohnen darin schwenken.
(Zubereitungszeit 20 min)

Während die Bohnen kochen:
Kartoffeln schälen, in Scheiben schneiden und im Geflügelfond weich kochen. Gehackte Zwiebel in Öl andünsten, mit Mehl bestäuben, mit Aceto Balsamico ablöschen, glattrühren. Kartoffeln samt Fond angießen, einkochen, Sahne hinzufügen, mit Zucker, Salz, Pfeffer abschmecken.

Das Wammerl in Streifen schneiden und in der Pfanne kross ausbraten. Über dem Kartoffelgemüse und dem Bohnensalat mit etwas geschnittenem Schnittlauch anrichten. (10 min)

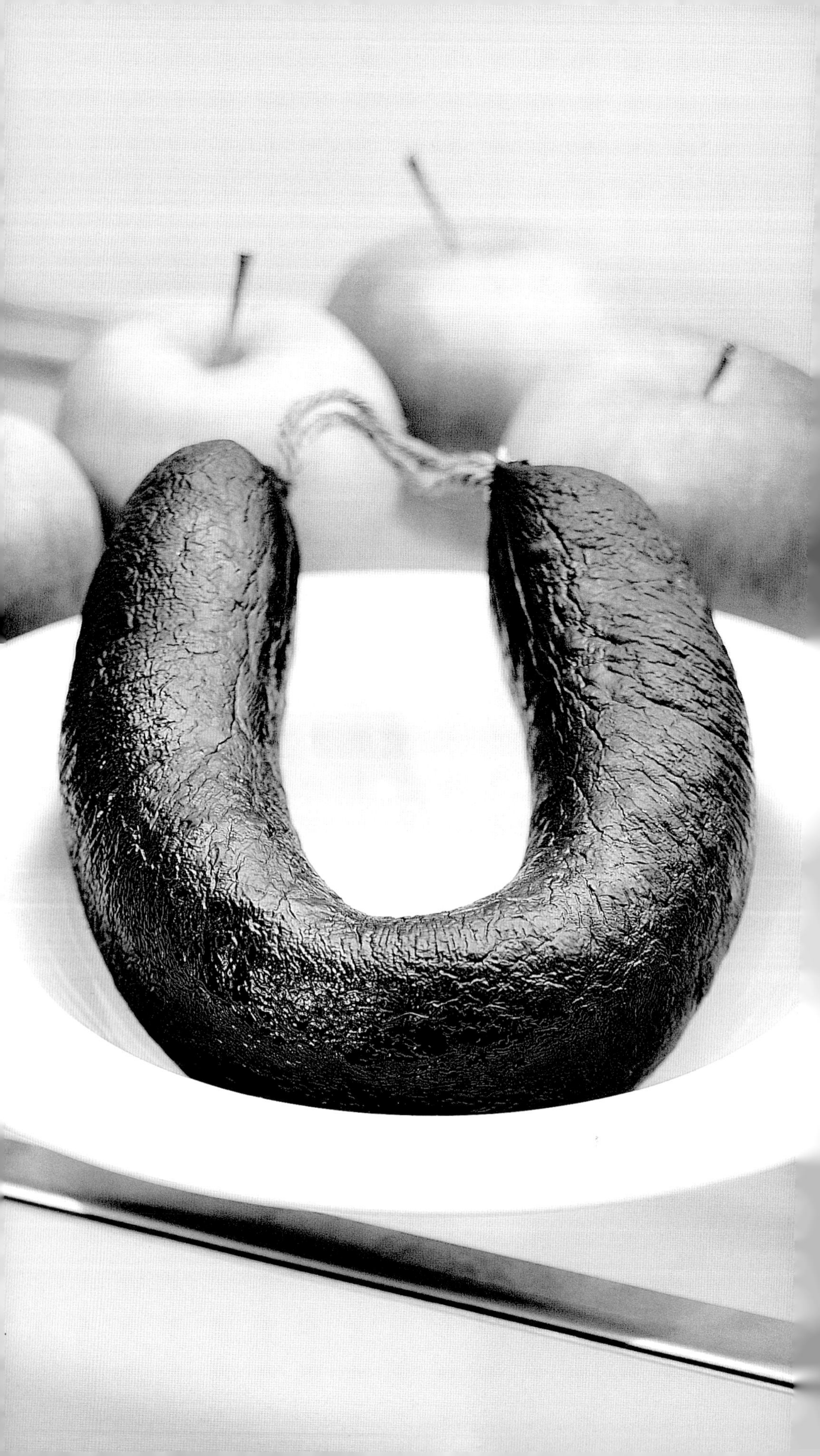

1.

Apfel-Blutwurst-Kaiserschmarren

mit geräuchertem Lachs und Kräuter-Crème fraîche

2.

Gebackene Blutwurst

mit süßem Senf auf Apfel-Reibeküchle

E i n k a u f s l i s t e

Blutwurst
Räucherlachs
Milch, Eier
Crême fraîche
süßer Senf
Muskat, Majoran
Mandelblättchen
Kartoffeln
Äpfel
Petersilie
Schnittlauch
Dill, Kerbel
Zitrone

sowie Zutaten
aus dem Grundvorrat

Zutaten für 2 Personen

20 g Mandelblättchen
1 EL gehackte Kräuter (Dill, Kerbel, Majoran, Petersilie, Schnittlauch)
2 EL Crème fraîche
3 Eier
1/4 l Milch
3 EL Mehl
Salz, Zucker, Pfeffer
1 Prise Muskatnuss
1/2 EL Butter
50 g Blutwurst
1 Apfel
160 g Räucherlachs

Apfel-Blutwurst-Kaiserschmarren mit geräuchertem Lachs und Kräuter-Crème fraîche

Zubereitungszeit 40 min

Kräuter-Créme: die Mandelblättchen, die gehackten Kräuter und die Crême fraîche verrühren. (Zubereitungszeit 5 min)

Kaiserschmarren: Die Eier trennen, Eiweiß steif schlagen. Milch, Eigelb, Mehl, Salz, Zucker, Pfeffer und Muskat mixen, Eischnee unterheben. Butter in einer Pfanne zerlaufen lassen, die Masse zugeben und stocken lassen. Von beiden Seiten goldgelb anbraten und mit zwei Gabeln zerreissen. Den Apfel und die Blutwurst klein schneiden, dazugeben und kurz mitbraten. (20 min)

Die Räucherlachs-Scheiben auf dem Kaiserschmarrn anrichten und mit einigen Kräuter-Créme-Klecksen garnieren.

Zutaten für 2 Personen

2 große mehlige Kartoffeln

1 Apfel

Salz, Pfeffer

1 Msp. Muskatnuss

1 EL Butter

150 g Blutwurst

1 TL Mehl

1 EL Majoranblättchen

2 EL süßer Senf

Gebackene Blutwurst mit süßem Senf auf Apfel-Reibeküchle

Zubereitungszeit 30 min

Reibeküchle: Kartoffeln und Apfel schälen, fein reiben, gut ausdrücken, salzen, pfeffern und mit Muskat würzen. 1/2 EL Butter in der Pfanne zerlassen, die Kartoffelmasse in die Pfanne drücken und beidseitig goldgelb anbraten.
(Zubereitungszeit 15 min)

Blutwurst in 1,5 cm dicke Scheiben schneiden, im Mehl wenden und beidseitig in Butter anbraten. Den geschnittenen Majoran zugeben.
(5 min)

Das Reibeküchle mit den Blutwurstscheiben anrichten und süßen Senf dazu reichen.

Hauptgerichte

Seite 81 bis Seite 129

1.

Gebratenes Rotbarschfilet

mit karamelisiertem Rettich und Safran-Kartoffeln

2.

Rotbarschschnitzel

mit Remouladensauce und lauwarmem Kartoffel-Gurkensalat

Einkaufsliste

Rotbarschfilet, tiefgefroren
Eier
Remouladensauce
Doppelte Rinderkraftbrühe
Traubenkernöl
Sesamöl, Dijon-Senf
Waldhonig
Kartoffeln festkochend
Cocktailtomaten
Orange, Milch
weißer Rettich, Salatgurke
Schalotten, Knoblauch
Ingwer, Zitrone
Dill, Schnittlauch
Weißwein

sowie Zutaten
aus dem Grundvorrat

Gebratenes Rotbarschfilet mit karamelisiertem Rettich und Safran-Kartoffeln

Zutaten für 2 Personen

200 g Kartoffeln festkochend
0,1 g Safran
1 Dose doppelte Rinderkraftbrühe
250 g Cocktailtomaten
1 EL Olivenöl
1 Knoblauchzehe
1 TL Zucker
4 EL Weißwein
Salz, Pfeffer
1 Messerspitze Curry
Saft von 1 Orange
1/8 l Milch
50 g Butter
ca. 300 g weißer Rettich
1 EL Sesamöl
2 cm dicke Ingwerscheibe, gehackt
abgeriebene Schale von 1 unbehandelten Zitrone
2-3 EL Waldhonig
1 EL Sojasauce
1 EL Aceto Balsamico
400 g Rotbarsch, aufgetaut
1 EL Senf
1/2 Bund Dill
etwas Mehl
2 EL Pflanzenöl
1 kleines Bund Schnittlauch

Zubereitungszeit 60 min

Kartoffeln schälen, halbieren, mit Safran in der Rinderkraftbrühe weich kochen. (20 min)

Während die Kartoffeln kochen:
Cocktailtomaten in Olivenöl mit der Knoblauchzehe anbraten, mit 1 TL Zucker karamelisieren, Weißwein, Salz und Pfeffer zugeben, 5 Minuten schwenken. (Zubereitungszeit 10 min)

Currysauce: Den Fond von den Kartoffeln mit dem Curry auf die Hälfte einkochen. Saft von 1 Orange und Milch dazugeben, erwärmen, mit Salz, Pfeffer und Honig oder Zucker abschmecken. Vor dem Anrichten mit 1/2 EL Butter aufmixen. (10 min)

Rettich in 5 mm dicke Scheiben schneiden, in Sesamöl anbraten. Gehackten Ingwer und geriebene Zitronenschale zugeben, Honig darüber laufen lassen, mit Sojasauce und Aceto Balsamico ablöschen. (10 min)

Rotbarschfilet salzen und pfeffern, mit Senf bestreichen und mit gehacktem Dill bestreuen, in Mehl wenden und auf beiden Seiten in Pflanzenöl goldgelb braten. (10 min, ohne Auftauen)

Butter zerlassen, Schnittlauchröllchen dazugeben, Kartoffeln darin schwenken. Fisch auf den Kartoffeln anrichten, mit Currysauce garnieren.

Zutaten für 2 Personen

400 g kleine, festkochende Kartoffeln

1 TL Senf

2 EL heller Aceto Balsamico

2 EL Traubenkernöl

Salz, Pfeffer, Zucker

1/4 Salatgurke

1 Schalotte

6 EL Pflanzenöl

1 EL gehackter Dill

400 g Rotbarschfilet, aufgetaut

2 EL Zitronensaft

3 EL Mehl

1 Ei

100 g Paniermehl

2 EL Remouladensauce

1 Zitrone

Rotbarschschnitzel mit Remouladensauce und lauwarmem Kartoffel-Gurkensalat

Zubereitungszeit 45 min

Kartoffeln in Salzwasser schnittfest kochen, aus Senf, Wasser, Aceto Balsamico und Traubenkernöl eine Vinaigrette herstellen und mit Salz, Pfeffer und Zucker würzen. Kartoffeln schälen, noch warm in die Vinaigrette schnipseln. Gurke in dünne Scheiben schneiden, unterheben. Schalotte hacken und in 1 EL Pflanzenöl glasig dünsten, mit dem gehackten Dill zum Salat zugeben.
(Zubereitungszeit 30 min)

Rotbarschfilet salzen, pfeffern und mit Zitronensaft beträufeln. Anschließend nacheinander in Mehl, verquirltem Ei und Paniermehl wenden und in der Pfanne in 5 EL Öl goldgelb ausbacken. (15 min)

Mit dem Kartoffel-Gurkensalat anrichten, die Remouladensauce und die Zitronenschnitze beigeben.

DOPPELTE
Weihenstephan
Frische Tafelbutter
Deutsche Markenbutter · mildgesäuert
Weihenstephan
Frischer Schlagrahm
"extra schlagfähig"
mindestens 30% Fett
evian
Spezial

1.

Mit Glasnudeln frittierte Hähnchenbrust

auf Folienspargel mit gebratenem Feldsalat

2.

Hühnerfrikassee

mit Gemüse-Reis-Frittata

E i n k a u f s l i s t e

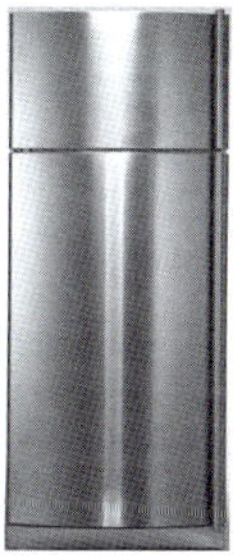

Hähnchenbrust
Eier
süße Sahne
Frittierfett
Mais (im Glas)
frischer Spargel
Feldsalat
rote Zwiebeln
Zitrone
Schnittlauch
Petersilie
Estragon
Schalotten
Knoblauch
Weißwein

sowie Zutaten
aus dem Grundvorrat

Zutaten für 2 Personen

500 g frischer Spargel
Salz, Zucker
1 EL Butter
1 Hähnchenbrust am Knochen
ca. 400-500 g
1/2 Bund glatte Petersilie, gehackt
Pfeffer
2 EL Olivenöl
4 EL Weißwein
2 Schalotten
1/4 l Geflügelfond
1/2 Becher süße Sahne
100 g Mais im Glas
1 Bund Schnittlauch
100 g Feldsalat
1 Knoblauchzehe
1 kg Frittierfett
100 g Glasnudeln

Mit Glasnudeln frittierte Hähnchenbrust auf Folienspargel mit gebratenem Feldsalat

Zubereitungszeit 60 min

Spargel schälen, salzen und zuckern, 1 TL Butter zugeben und in Alufolie einschlagen.
(Zubereitungszeit 10 min)

Hähnchenbrust: Haut von der Hähnchenbrust lösen, gehackte Petersilie darunterschieben, salzen und pfeffern, auf der Hautseite in Olivenöl goldgelb anbraten. Hähnchenbrust und Spargelpaket auf dem Backblech im vorgeheizten Backofen bei 180 °C 20 Minuten braten. (35 min)

Während die Hähnchenbrust brät:
Sauce: Weißwein mit 1 geschnittenen Schalotte auf 2/3 einkochen, Geflügelfond zugeben, auf 1/3 einkochen. Sahne und Mais zugeben, mit Salz, Pfeffer und Zucker abschmecken, mixen, bis die Sauce bindet. Mit Schnittlauchröllchen dekorieren. (20 min)

Feldsalat waschen, in 1/2 EL Butter mit der Knoblauchzehe und 1 geschnittenen Schalotte anbraten, mit Salz, Pfeffer und Zucker abschmecken. (5 min)

Fritierfett in der Fritteuse auf 180 °C erhitzen. Hähnchenbrust vom Knochen lösen, auf der Innenseite salzen, pfeffern, mit Glasnudeln umwickeln und 1-2 Minuten frittieren.

Zutaten für 2 Personen

3 EL Reis

300 g weißer Spargel

1/4 l Gemüsefond

3 EL Maiskörner (Glas)

50 g Feldsalat

100 ml Sahne

1 EL Saucenbinder

2 Hähnchenbrüste

Salz, Pfeffer

1 EL gehackter Estragon

1 EL Butter

1 rote Zwiebel

2 Eier

1 EL gehackte Petersilie

Hühnerfrikassee mit Gemüse-Reis-Frittata

Zubereitungszeit 50 min

Frittata: Reis 20 min in Salzwasser kochen. (Zubereitungszeit 20 min)

Während der Reis kocht:
Spargel schälen und schräg in 5 cm lange Stücke schneiden. Den Gemüsefond aufkochen, den Spargel zugeben. Nach 1 min auch den Mais und den Feldsalat dazugeben. Sahne angießen, Mondamin-Saucenbinder einrühren und abdicken. Hähnchenbrust (ohne Haut) salzen, pfeffern, in 1 cm dicke Streifen schneiden, dazugeben und mit Estragon abschmecken. (15 min)

Reis abgießen, in der Pfanne mit 1 EL Butter und der gehackten roten Zwiebel 5-6 min anbraten, bis das Ganze Farbe annimmt. Eier verquirlen, salzen, pfeffern, darübergeben, mit gehackter Petersilie bestreuen und stocken lassen. Einmal wenden und dann ca. 5 min bei 180 °C ins Rohr geben. (15 min)

Frittata in Kuchenstücke schneiden und auf dem Frikassee anrichten.

SONDERPREIS

1.

Pochierter Puten-Rollmops auf geschmortem Fenchel

mit Basilikumschaum

2.

Thai-Puten-Curry

E i n k a u f s l i s t e

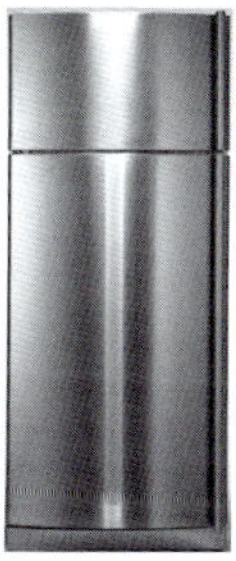

Putenbrust
Sahne
Meerrettich, Koriander
Kokosmilch in der Dose
schwarzer und weißer Sesam
Currypaste
Zucchini, Fenchel
Basilikum, Estragon
Knoblauch, Zwiebeln
Thymian, Rosmarin
Schalotte, Zuckerschoten
Mais, Sojasprossen
Frühlingszwiebeln, Tomaten
frischer Ingwer, Zitrone
Chilisauce sweet & sour
Pernod, Weißwein

sowie Zutaten
aus dem Grundvorrat

Zutaten für 2 Personen

220-250 g Putenbrust

Salz, Pfeffer

1 EL Meerrettich aus dem Glas

2 EL gehackter Estragon

1 Zucchini

4 EL Olivenöl

2 Knoblauchzehen

1 Zweig Rosmarin

2 EL Weißwein

1 kleine Zwiebel

1/4 l Geflügelfond

Zucker

1/8 l Sahne

Saucenbinder

1 Bund Basilikum

1 EL Butter

1 Knolle Fenchel

1 Zweig Thymian

1 EL Pernod

Pochierter Puten-Rollmops auf geschmortem Fenchel mit Basilikumschaum

Zubereitungszeit 60 min

Putenbrust zwischen Klarsichtfolie auf 1 cm plattieren, die obere Folie abziehen, salzen, pfeffern, mit Meerrettich bestreichen, mit Estragon bestreuen. Die Zucchini der Länge nach in 3 mm dicke Scheiben schneiden, in 2 EL Olivenöl mit Knoblauch und Rosmarin anbraten, Zucchinischeiben auf die Putenbrust legen und das Fleisch zusammenrollen. Mit Klarsichtfolie stramm umwickeln, in Alufolie wickeln und in siedendem (nicht kochendem) Wasser ca. 15 min pochieren. (Zubereitungszeit 30 min)

Basilikumschaum: Weißwein mit gehackter Zwiebel ganz einkochen, Geflügelfond zugeben, auf die Hälfte reduzieren, mit Salz, Pfeffer, Zucker abschmecken, Sahne angießen, mit Saucenbinder abbinden, Basilikum zugeben, mit 1/2 EL Butter aufmixen. (20 min)

Fenchel in ca. 3 mm dünne Scheiben schneiden, mit Knoblauch und Thymian in Olivenöl beidseitig goldgelb anbraten. Knoblauch entfernen. Mit Salz, Pfeffer und Zucker abschmecken, 1/2 EL Butter dazugeben und mit etwas Pernod ablöschen. (10 min)

Puten-Rollmops schräg in Stücke schneiden, auf dem Fenchel anrichten und mit Basilikumschaum garnieren.

Zutaten für 2 Personen

60 g Basmati-Reis

60 g Zuckerschoten

4 Fühlingszwiebeln

4 Baby-Maiskolben

60 g Sojasprossen

1 Tomate

1 walnussgroßes Stück Ingwer

4 EL Pflanzenöl

1 Schalotte

150 g Putenbrust

Salz, Pfeffer

4 EL Weißwein

4 EL Zitronensaft

2 EL Sojasauce

2 EL Chilisauce sweet & sour

1/8 l Kokosmilch

1 gestr. TL rote Currypaste

1 EL gemahlener Koriander

Zucker

Saucenbinder

1 EL Sesam

Thai-Puten-Curry

Zubereitungszeit 40 min

Reis waschen, mit doppelter Menge Wasser aufkochen und abschäumen. Nach 5 min Kochzeit abschalten und 30-35 min ziehen lassen. Den Deckel dabei nicht lüften.
(Zubereitungszeit 40 min)

Nach etwa der Hälfte der Garzeit:
Curry: Gemüse putzen und klein schneiden. Ingwer schälen, fein reiben und in 1 EL Öl mit der kleingehackten Schalotte anbraten. Putenbrust in ca. 1 cm dicke Streifen schneiden, salzen, peffern, scharf anbraten und aus der Pfanne nehmen. Das Gemüse in derselben Pfanne anschwitzen. Mit Weißwein, Zitronensaft, Soja- und Chilisauce ablöschen und einkochen. Kokosmilch und Currypaste einrühren. Den Koriander dazugeben und mit Salz, Pfeffer und Zucker abschmecken. Das Fleisch mit durchschwenken und eventuell mit Saucenbinder abbinden. (15 min)

Das Curry auf dem Reis anrichten und mit Sesamsamen bestreut servieren.

1.

Gratinierte Lammkeule auf Frühlingslauch

mit Schmortomaten

2.

Lammkeule aus dem Ofen

mit Schmorgemüsen

E i n k a u f s l i s t e

Lammkeule
Toastbrot
Meersalz
Perlzwiebeln, schwarze Oliven
getrocknete Tomaten
kleine Kartoffeln
Kirschtomaten/Tomate
gelbe und rote Paprika
Karotten
Basilikum, Rosmarin, Thymian
Lauchzwiebeln
Staudensellerie
weiße und rote Zwiebel
Knoblauch
Weißwein

sowie Zutaten
aus dem Grundvorrat

Zutaten für 2 Personen

300 g Lammkeule
(frisch oder TK)
Salz, Pfeffer
1 Knoblauchzehe
4 EL Olivenöl
40 g getrocknete Tomaten
20 g schwarze Oliven ohne Kern
1 Bund Basilikum
1 Scheibe Toastbrot
2 EL Butter
20 Kirschtomaten
Zucker
4 EL Weiswein
1 Bund Lauchzwiebeln

Gratinierte Lammkeule auf Frühlingslauch mit Schmortomaten

Zubereitungszeit 55 min

Lammkeule salzen, pfeffern und mit der gehackten Knoblauchzehe in 1 EL Olivenöl von beiden Seiten scharf anbraten, dann bei 180 °C für 12-15 min ins vorgeheizte Rohr geben.
In der Zwischenzeit die getrockneten Tomaten und Oliven klein schneiden, Basilikum in feine Streifen schneiden und zugeben. 2 EL Olivenöl untermischen. Das Toastbrot entrinden, in kleine Würfel schneiden, diese in 1 EL Butter resch anbraten und unter die Tomaten-Oliven-Masse geben.
(Zubereitungszeit 30 min)

Nach 15 min das Lamm aus dem Ofen nehmen und die Tomaten-Oliven-Brot-Masse auf das Fleisch streichen. Bei Oberhitze im Ofen kurz gratinieren. Vor dem Anschneiden 5 min ruhen lassen. (10 min)

Kirschtomaten in Olivenöl anbraten und salzen. Mit etwas Zucker karamelisieren und mit Weißwein ablöschen. Die Tomaten aufplatzen lassen. (5 min)

Die **Lauchzwiebeln** putzen, in grobe Stücke schneiden, in Butter und 5 EL Wasser dünsten. Mit 1 gestr. TL Zucker glasieren und mit Salz abschmecken. (10 min)

Lammkeule aus dem Ofen mit Schmorgemüsen

Zutaten für 2 Personen

1 kleine Lammkeule mit Knochen
ca. 600-700 g
50 g Meersalz
Pfeffer
4 Zweige Rosmarin
4 Zweige Thymian
4 Knoblauchzehen
100 g Staudensellerie
1 Karotte
2 Tomaten
1 gelbe Paprika
1 rote Paprika
1 weiße Zwiebel
1 rote Zwiebel
200 g kleine Kartoffeln
6 EL Olivenöl
100 g Perlzwiebeln mit Schale
ca. 1/2 l Weißwein

Zubereitungszeit 60 - 90 min
Marinierzeit 12 Std.

Lammkeule salzen, pfeffern, mit etwas Zucker und 4 EL Olivenöl einreiben. Thymian und Rosmarin grob hacken. Den Knoblauch anschlagen und mit der Hälfte der Kräuter über die Lammkeule geben. Mit Folie abdecken und über Nacht im Kühlschrank ziehen lassen.
(Marinierzeit 12 Std.)

Die Lammkeule am nächsten Tag auf ein Backblech oder in eine Bratraine setzen und bei 220 °C ca. 30 min im Rohr braten. Staudensellerie, Karotte, Tomaten, Paprika, Zwiebeln in grobe Stücke schneiden, die gewaschenen Kartoffeln längs vierteln, mit dem restlichen Rosmarin und Thymian im Olivenöl in der Pfanne anbraten, salzen und zur Lammkeule geben. Die Perlzwiebeln ungeschält und im Ganzen dazugeben. Die Temperatur auf 160 °C reduzieren und das Ganze etwa 60 min weitergaren. Dabei alle 15 min mit etwas Weißwein ablöschen. (60 - 90 min)

1.

Ochseneintopf

mit Wurzelgemüse und gebratenen Kutteln

2.

Trippa alla Fiorentina

E i n k a u f s l i s t e

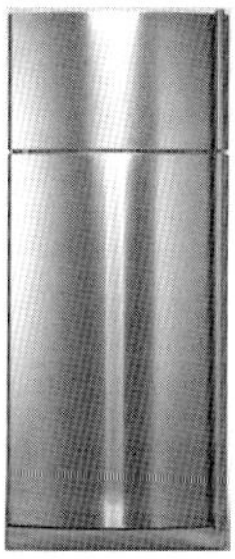

Ochsenwade
Kalbskutteln
doppelte Kraftbrühe
Lorbeer, Wacholderbeeren
Staudensellerie
Knollensellerie
Karotten, Lauch
Liebstöckel, Petersilie
Zitrone
Tomaten
Rosmarin, Thymian
Knoblauch, Zwiebeln
Schnittluach
Weißwein

sowie Zutaten
aus dem Grundvorrat

Zutaten für 2 Personen

500 g Ochsenwade
1/2 l doppelte
Kraftbrühe (Dose)
1/2 l Wasser
2 Lorbeerblätter
15 Wacholderbeeren
150 g Knollensellerie
100 g Staudensellerie
100 g Karotten
1 Stange Lauch
1 Zweig Liebstöckel
1 Bund Petersilie
Salz, Pfeffer
100 g Kutteln
4 EL Olivenöl
30 g Butter
1 Zweig Rosmarin
1 Knoblauchzehe
4 EL Zitronensaft
Zucker

Ochseneintopf mit Wurzelgemüse und gebratenen Kutteln

Zubereitungszeit 90 min

Ochsenfleisch grob würfeln, in der Kraftbrühe und 1/2 l Wasser mit den Lorbeerblättern und den Wacholderbeeren aufkochen, den Schaum abheben und das Fleisch ca. 70 min ziehen lassen.
(Zubereitungszeit 90 min)

Während das Ochsenfleisch zieht:
Sellerie, Karotten und Lauch grob schneiden und 20 min vor Ende der Garzeit zum Fleisch geben, mitziehen lassen. Zum Schluss Liebstöckel und die Hälfte der gehackten Petersilie zugeben. Mit Salz und Pfeffer abschmecken. (20 min)

Kutteln in feine Streifen schneiden, in Olivenöl und Butter mit Rosmarin und Knoblauch anbraten, restliche Petersilie und Zitronensaft dazugeben, mit Salz, Pfeffer und Zucker abschmecken. (15 min)

Beim Anrichten zuerst die Kutteln, dann den Eintopf in die Schüssel geben.

Zutaten für 2 Personen

200 g Zwiebeln
100 g Knollensellerie
100 g Staudensellerie
1 Karotte
2 Tomaten
2 Zweige Rosmarin
2 Zweige Thymian
4 Knoblauchzehen
2 EL Butter
8 EL Olivenöl
1/8 l dunkler Aceto Balsamico
1/4 l Weißwein
400 g Kutteln, vorgekocht und geschnitten
1 l doppelte Kraftbrühe
100 g Parmesan
2 EL Schnittlauchröllchen

Trippa alla Fiorentina

Zubereitungszeit 50 min

Trippa: Zwiebeln, Sellerie, Karotte und Tomaten in 1 cm große Würfel schneiden. Mit Kräutern und Knoblauch in einer tiefen Pfanne in Butter und 6 EL Olivenöl anbraten. Mit Aceto Balsamico und Weißwein ablöschen, einkochen bis die gesamte Flüssigkeit verdampft ist.
(Zubereitungszeit 30 min)

Inzwischen die Kutteln in der Kraftbrühe aufkochen und köcheln lassen. Wenn der Gemüsesud verdampft ist, die Kutteln zum Gemüse gießen. Das Ganze einkochen bis es sämig ist. (etwa 20 min)

Die Trippa in tiefe Teller füllen, auf jede Portion 2 EL Olivenöl geben, mit geriebenem Parmesan und feingeschnittenem Schnittlauch bestreuen.

1.

Rosa gebratene Entrecôte-Gemüseroulade
in Steinpilzsauce und Folienkartoffeln

2.

Entrecôte mit frischen Kräutern
gebraten auf karamelisierten Perlzwiebeln
mit Schnittlauchbrot

Einkaufsliste

Entrecôte
Speck
Sahne, Sauerrahm
Honig
Sauerteigbrot
Essiggurken, Perlzwiebeln
Senf
getrocknete Steinpilze
Kartoffeln, Karotten
Zwiebeln, Knoblauch
Rosmarin, Thymian
Petersilie, Schnittlauch
Kerbel
Basilikum, Estragon
Bindfaden

sowie Zutaten
aus dem Grundvorrat

Zutaten für 2 Personen

50 g getrocknete Steinpilze

1/4 l Geflügelfond

4 kleine Kartoffeln

2 Entrecôte á 150 g

Salz, Pfeffer

1 TL Senf

1 Karotte

1 Zwiebel

2 EL Pflanzenöl

2 Knoblauchzehen

1 Zweig Thymian

2 Essiggurken

100 g Bauchspeck

2 EL Olivenöl

1 Zweig Rosmarin

1/8 l Sahne

Zucker

100 ml Sauerrahm

Rosa gebratene Entrecôte-Gemüseroulade in Steinpilzsauce und Folienkartoffeln

Zubereitungszeit 90 min

Steinpilze ca. 60 min in Geflügelfond einweichen. (Zubereitungszeit 60 min)

Während die Pilze einweichen:
Kartoffeln waschen, in Alufolie einschlagen, je nach Größe 30-40 min bei 180 °C im Backrohr garen. (40 min)

Entrecôte vom Fett befreien, mit Folie bedecken, auf ca. 5 mm Stärke plattieren, salzen, pfeffern, mit Senf bestreichen. Die Karotten und die Zwiebel der Länge nach in acht Teile schneiden. In Pflanzenöl mit 1 Knoblauchzehe und Thymian 5 min braten. Knoblauch und Thymianzweig entfernen. Karotten und Zwiebeln mit den Essiggurken und dem Speck in die Mitte des Entrecôte geben, zusammenrollen, mit Bindfaden umwickeln, salzen, pfeffern und in Olivenöl anbraten. Auf einem Gitter bei 160 °C im Rohr ca. 10 min garen. (30 min)

Pilze mit Rosmarin und Knoblauch einkochen, durch ein Sieb passieren, Sahne zugeben, mit Salz, Pfeffer, Zucker abschmecken. (20 min)
Die Kartoffeln kreuzweise einschneiden, aufdrücken und mit Sauerrahm begießen. (10 min)

Zutaten für 2 Personen

2 Entrecôte á 200 g
Salz, Pfeffer, Zucker
2 EL Olivenöl
2 Knoblauchzehen
2 Zweige Rosmarin
2 Zweige Thymian
200 g Perlzwiebeln
3 EL gehackter Kerbel
3 EL gehackter Estragon
3 EL gehackte Blattpetersilie
40 g Butter
1 EL Honig
2 EL weißer Aceto Balsamico
2 Scheiben Sauerteigbrot
1 kleines Bund Schnittlauch

Entrecôte mit frischen Kräutern gebraten auf karamelisierten Perlzwiebeln mit Schnittlauchbrot

Zubereitungszeit 20 min

Entrecôte salzen, pfeffern und mit einer Prise Zucker würzen. In Olivenöl mit gehacktem Knoblauch, Rosmarin und Thymian auf beiden Seiten goldgelb anbraten. Auf ein Gitter setzen, die Saftauffangschale unterstellen, und das Fleisch bei 160 °C im Backrohr 6 bis 8 min ziehen lassen.
Währenddessen die geschälten Perlzwiebeln in der Pfanne anbraten und Kerbel, Estragon und Blattpetersilie untermischen. Butter und Honig dazugeben, mit Aceto Balsamico ablöschen und über das angerichtete Steak geben.
(Zubereitungszeit 15 min)

Schnittlauchbrot: Sauerteigbrot mit Butter bestreichen, in den klein geschnittenen Schnittlauch drücken. Salzen und pfeffern. (5 min)

1.

Schaschlik vom Milchferkel

mit Roten Beeten auf Mango-Curry-Sauce

2.

Knusprige Ferkelschulter

auf Kraut-Schupfnudeln mit Kümmelschaum

E i n k a u f s l i s t e

Ferkelschulter
Speck
Eier
Sahne
Schupfnudeln
Tomatenessenz
Ketchup
gekochte Rote Beeten
Sauerkraut
Mango
Dill
Zitrone
Zwiebeln
Weißbier
Apfelsaft

sowie Zutaten
aus dem Grundvorrat

Zutaten für 2 Personen
400 g Milchferkelschulter
2 Zwiebeln
1/4 l Tomatenessenz
(oder Gemüsebrühe und
1 kleine, gewürfelte Tomate)
4 EL Ketchup
Salz, Pfeffer, Zucker
200 g gekochte Rote Beeten
1 EL Butter
2 EL weißer Aceto Balsamico
1 kleines Bund Dill
1 Mango
1/2 l Apfelsaft
2 EL Zitronensaft
2 gestr. TL Currypulver
1/8 l Sahne

Schaschlik vom Milchferkel mit Roten Beeten auf Mango-Curry-Sauce

Zubereitungszeit 70 min

Schaschlik: Das Fleisch in ca. 3 cm große Würfel schneiden, abwechselnd mit Zwiebelstücken auf einen Spieß geben und über Nacht in Tomatenessenz und Ketchup einlegen. Am nächsten Tag in der Tomatenmarinade aufkochen, mit Salz, Pfeffer und Zucker würzen und anschließend ca. 20 bis 25 min bei 180 °C im Ofen fertiggaren. (Zubereitungszeit 30 min)

Rote Beeten in 3 mm dünne Scheiben schneiden, mit Salz, Pfeffer und Zucker würzen, mit Butter und Aceto Balsamico glasieren und gehackten Dill zugeben.
(15 min)

Mango-Curry-Sauce: Gewürfelte Mango in Apfelsaft auf die Hälfte einkochen, Zitronensaft und Curry dazugeben, mit Salz, Pfeffer und Zucker abschmecken und mit dem Zauberstab aufmixen. Sahne dazugeben, erhitzen und abschmecken. (25 min)

Zutaten für 2 Personen

400 g Ferkelschulter

Salz, Pfeffer

2 Zwiebeln

1 TL Kümmel

1/4 l Weißbier

2 Eier

200 g Schupfnudeln

100 g Sauerkraut

50 g Speck

1 TL Thymian

2 EL Pflanzenöl

Knusprige Ferkelschulter auf Kraut-Schupfnudeln mit Kümmelschaum

Zubereitungszeit 100-120 min

Ferkelschulter: Die Schwarte rautenförmig einschneiden, salzen, pfeffern, Fleisch von allen Seiten anbraten und mit der Hautseite nach unten bei 160 °C ca. 60 bis 90 min ins Rohr geben.
Nach der Hälfte der Garzeit die Schulter umdrehen und die geschnittenen Zwiebeln und den Kümmel dazugeben, mit Weißbier ablöschen. (Zubereitungszeit 90 min)

Wenn das Fleisch gar ist die Sauce abgießen und das Fleisch in Alufolie verpackt warmstellen. Die Sauce mit 2 Eiern in einem Wasserbad aufschlagen, anschließend passieren. (15min)

Kraut-Schupfnudeln: Die Schupfnudeln mit dem abgetropften Sauerkraut, dem gewürfelten Speck und dem Thymian in Pflanzenöl knusprig aufschwitzen. (15 min)

iglo
Les Primeurs
450 g
Eisbein, gepökelt
fix und fertig - zum warm und kalt genießen
vor Sonnenlicht schützen
Zutaten: Eisbein, jod. Nitritpökelsalz
(Kochsalz, Konservierungsstoff Natriumnitrit)
Bei Reklamation Nummer auf Folie einschicken
ohne Kühlung haltbar
Füllmenge Preis DM/KG Packungspreis Mindestens haltbar bis
500 g 4,99 01.12.2000

1.

Gebackene Eisbeinpraline auf Erbsenpüree

mit Weißbier-Kümmelsauce

2.

Eisbein-Krautwickel

mit Radieschengemüse und Kartoffelpüree

E i n k a u f s l i s t e

gepökeltes, gekochtes Eisbein
mehlig-kochende Kartoffeln
süße Sahne
Sauerrahm
Eier, Milch
Honig
Muskat
Gelatine
Erbsen, tiefgekühlt
Karotten, Zucchini
Weißkohl
Radieschen, Zwiebeln
Knoblauch, Rosmarin
Thymian, Majoran
Schalotten
Blattpetersilie
Weißbier
Frittierfett

sowie Zutaten
aus dem Grundvorrat

Zutaten für 2 Personen

1/2 Zucchini
1 Karotte
20 g Butter
200 g gekochtes Eisbein
100 ml Sauerrahm
2 Blatt Gelatine
Salz, Pfeffer, Zucker
1 Flasche Weißbier
1 EL Honig
1 TL Kümmel
1 EL dunkler Aceto Balsamico
250 g Erbsen, tiefgekühlt
2 Schalotten
1/8 l Sahne
50 g Mehl
2 Eier
100 g Paniermehl
1 kg Fritierfett

Gebackene Eisbeinpraline auf Erbsenpüree mit Weißbier-Kümmelsauce

Zubereitungszeit 100 min

Eisbeinpraline: Zucchini und Karotte in kleine Würfel schneiden, in Butter anbraten. Das gewürfelte Eisbein und den Sauerrahm dazugeben und mit der eingeweichten Gelatine abbinden. Mit Salz, Pfeffer und Zucker abschmecken. Die Masse in kleine Förmchen füllen und ca. 90 min kaltstellen.
(Zubereitungszeit 100 min)

Während die Masse kühlt:
Weißbier-Kümmelsauce: Weißbier, Honig, Kümmel und Aceto Balsamico auf 3 bis 4 EL sämig einkochen, mit Salz, Pfeffer, Zucker abschmecken.
(Zubereitungszeit 15 min)

Erbsenpüree: Die Erbsen mit den Schalotten in Butter anschwitzen, mit Salz, Pfeffer und Zucker abschmecken. Die Sahne dazugeben und im Mixer fein pürieren. (15 min)

Nach dem Erkalten Eisbeinpraline aus der Form lösen, klassisch panieren und bei 180 °C in der Fritteuse 4 bis 5 min goldgelb ausbacken, herausnehmen und 5 min im Backrohr weiterbacken. (15 min)

Die Praline auf dem Erbsenpüree anrichten und ein wenig Sauce angießen.

Zutaten für 2 Personen

200 g gepökeltes, gekochtes Eisbein (ohne Knochen)
150 g roher Weißkohl
2 EL Olivenöl
2 Zweige Rosmarin
2 Zweige Thymian
Salz, Pfeffer
1 Knoblauchzehe
1 TL Zucker
2 blanchierte Weißkohlblätter
200 g mehlig-kochende Kartoffeln
1 Prise Muskat
1 TL Majoran
1/8 l Milch
1 Bund Radieschen
60 g Butter
2 EL gehackte Blattpetersilie
Bindfaden

Eisbein-Krautwickel mit Radieschengemüse und Kartoffelpüree

Zubereitungszeit 65 min

Krautwickel: Eisbein vom Knochen lösen, in 1 cm große Würfel, rohes Kraut in Streifen schneiden. Beides in Olivenöl anbraten, Rosmarin-, Thymianzweig und angeschlagenen Knoblauch 5 min mitbraten, herausnehmen. Pfeffer und Salz dazugeben, mit Zucker karamelisieren.
Den Knochen auf die blanchierten Kohlblätter stellen, Füllung rundum andrücken, Blätter hochschlagen, mit Bindfaden am Knochen festbinden. Bei 160 °C 35 min im Rohr garen. (Zubereitungszeit 60 min)

Kartoffelpüree: Kartoffeln schälen, in 3 mm dünne Scheiben schneiden und in der mit Salz, Muskat und Majoran abgeschmeckten Milch weichkochen. Mit dem Handmixer pürieren.
(20 min)

Radieschengemüse: Die Radieschen vom Grün zupfen, in dünne Scheiben schneiden, in Butter glasieren. Mit Salz, Pfeffer und Zucker abschmecken. Einige Radieschenblätter darin durchschwenken, mit Blattpetersilie anrichten. (10 min)

Desserts

Seite 130 bis Seite 151

1.

Rosmarin-Panna-Cotta

mit Erdbeer-Grütze

2.

Geeister Buttermilchshake

mit Erdbeer-Spieß

E i n k a u f s l i s t e

Buttermilch
Sahne
Vanilleschote
Gelatine
Zartbitter-Kuvertüre
Honig
Erdbeeren
Rosmarin
Limone
Minze
Grand Marnier

sowie Zutaten
aus dem Grundvorrat

Zutaten für 2 Personen

80 g Zucker

2 EL Grand Marnier

1 Vanilleschote

1 Limone

2 Zweige Rosmarin

1/4 l Sahne

2-3 Blatt Gelatine

200 g Erdbeeren

1 TL Speisestärke

1/4 Bund Minze

Rosmarin-Panna-Cotta mit Erdbeer-Grütze

Zubereitungszeit 30 min

Panna Cotta: 3 EL Zucker in einer Pfanne schmelzen lassen und mit Grand Marnier ablöschen. Auf die Hälfte reduzieren, dann in zwei Tassen geben und abkühlen lassen.
In der Zwischenzeit das Vanillemark aus der Schote kratzen und die Limonenschale fein abreiben. Die Limone anschließend halbieren und auspressen. Das Vanillemark mit der Zitronenschale, 4 EL Zucker und dem fein gehackten Rosmarin in der Hälfte der Sahne kurz aufkochen, die eingeweichte Gelatine dazugeben und in der Sahne-Mischung auflösen, dann den Rest der Sahne unterrühren. Die Panna-Cotta-Masse auf den Zuckerspiegel in die Tassen gießen und kalt stellen. (Zubereitungszeit 20 min)

Erdbeergrütze: Die Erdbeeren in kleine Stücke schneiden, mit 1 EL Zucker in einem Topf erwärmen. Die Speisestärke mit dem Limonensaft anrühren und die Erdbeeren damit abbinden. Ca. 1 min kochen lassen, die geschnittene Minze dazugeben und kaltstellen.
(10 min)

Zutaten für 2 Personen

50 g Zartbitter-Kuvertüre

250 g Erdbeeren

1/4 l Buttermilch

5 Blätter Minze

1 TL Honig

2 EL Limettensaft

Geeister Buttermilchshake mit Erdbeerspieß

Zubereitungszeit 30 min

Die Buttermilch für 30 min in das Kühlfach stellen.

Während die Buttermilch kühlt:
Erdbeerspieß: Kuvertüre im warmen Wasserbad langsam schmelzen lassen. In der Zwischenzeit die Erdbeeren waschen und mit Küchenpapier vorsichtig trockentupfen. Zwei große oder mehrere kleine Erdbeeren bis etwa zur Hälfte in die geschmolzene Kuvertüre tauchen, auf einen Spieß stecken und trocknen lassen. (Zubereitungszeit 20 min)

Buttermilchshake: Von den restlichen gewaschenen Erdbeeren die Stielansätze entfernen. Die Früchte mit Minze, Honig, Limettensaft und der Buttermilch fein mixen. (10 min)

Die Schoko-Erdbeeren am Spieß zusammen mit dem Buttermilchshake anrichten.

1.

Rhabarber-Schlupfer

mit Marzipansauce

2.

Arme Amaretto-Ritter

mit Rhabarber-Kompott

E i n k a u f s l i s t e

Milch
Eier
Zimt
Vanilleschote
Marzipan
Mandeln
Speisestärke
Milchbrötchen
Butterkuchen
Honig
Rhabarber
Orange
Amaretto
Apfelsaft

sowie Zutaten
aus dem Grundvorrat

Zutaten für 2 Personen

1 Stange Rhabarber

100 g Zucker

200 g Butterkuchen

oder anderes Hefegebäck

20 g Butter

200 ml Milch

1 Messerspitze Zimt

1 Vanilleschote

2 Eier

1 Orange

1 EL Honig

100 g Rohmarzipan

Rhabarber-Schlupfer mit Marzipansauce

Zubereitungszeit 45 min

Rhabarber-Schlupfer: Den Rhabarber schälen und in 1 cm große Stücke schneiden. Mit 2 EL des Zuckers vermischen und ziehen lassen. Den Butterkuchen in 2 cm große Würfel schneiden und in eine mit Butter ausgefettete Form geben. Die Milch mit Zimt, Zucker, dem Mark der Vanilleschote und den Eiern verquirlen und über die Kuchenwürfel gießen. Im vorgeheizten Ofen bei 180 °C ca. auf der mittleren Schiene 30 min backen. (Zubereitungszeit 40 min)

Marzipansauce: die Orange auspressen und den Saft mit dem Honig sowie der Marzipanmasse mit einem Zauberstab pürieren. (5 min)

Den Rhabarber auf dem Schlupfer anrichten und noch warm mit der Marzipansauce servieren.

Zutaten für 2 Personen

1 Stange Rhabarber

75 g Zucker

1/4 l Apfelsaft

1 TL Speisestärke

2 Eier

100 ml Milch

2 EL Amaretto

1 TL Zimt

2 Milchbrötchen

30 g Butter

Arme Amaretto-Ritter mit Rhabarber-Kompott

Zubereitungszeit 35 min

Rhabarber-Kompott: Den Rhabarber schälen und in 1 cm dicke schräge Stücke schneiden. 2 EL Zucker in einem Topf 30 s karamelisieren lassen und mit Apfelsaft ablöschen. Die Rhabarberschalen darin auskochen, Flüssigkeit auf 1/3 reduzieren und durch ein Sieb passieren. Anschließend den Rhabarber ca. 2 min im Saft kochen, die Speisestärke mit 1 EL Wasser anrühren, den Rhabarber damit abbinden, kaltstellen. (Zubereitungszeit 20 min)

Amaretto-Ritter: Die Eier mit Milch, Amaretto, 2 EL Zucker und 1 Msp. Zimt verquirlen, die Milchbrötchen in ca. 1,5 cm dicke Scheiben schneiden und darin einlegen, bis sie sich vollgesaugt haben.
Die eingelegten Brötchen in Butter auf beiden Seiten goldgelb ausbraten. Zimt und Zucker mischen, die Armen Ritter nach Geschmack darin wälzen und mit dem Rhabarber-Kompott servieren. (15 min)

AEG
Deller
1 Liter frische
Vollmilch
pasteurisiert · homogenisiert · 3,5% Fett
Deller
Achtung:
Pfand-Wert-Flasche
1992
1993
1994
1995
1996
1997
1998
DLG

Karamelisierte Früchte

mit Yin & Yang-Schokosuppe und Ingwer-Chips

E i n k a u f s l i s t e

Milch
Sahne
Frittierfett
weiße und dunkle Kuvertüre
Mango
Banane
Ananas
Ingwer
Melissenblätter
Rum
Grand Marnier

sowie Zutaten
aus dem Grundvorrat

Zutaten für 2 Personen

100 g Ingwer
300 ml Milch
120 g Zucker
200 g Frittierfett
100 g Mango
100 g Bananen
100 g Ananas
12 Melissenblätter
100 g weiße Kuvertüre
100 g dunkle Kuvertüre
2 EL Rum
2 EL Grand Marnier
1/4 l Sahne

Karamelisierte Früchte mit Yin & Yang-Schokosuppe und Ingwer-Chips

Zubereitungszeit 50 min

Ingwerchips: Ingwer schälen, in 1-2 mm dicke Scheiben schneiden und 2 min mit 2 EL Zucker in ca. 50 ml Milch kochen, damit er die Schärfe verliert. Die Ingwerscheiben trocknen lassen, bei 180 °C in der Fritteuse oder im Wok 1 bis 2 min goldgelb frittieren. (Zubereitungszeit 10 min)

Karamelisierte Früchte: Mango, Banane und Ananas in ca. 2 cm große Würfel schneiden, abwechselnd auf einen Spieß stecken; jeweils ein Melissenblatt dazwischengeben. 100 g Zucker in einer Pfanne karamelisieren, die Früchtespieße auf eine geölte Alufolie legen, Karamel darübergeben. (20 min)

Schokosuppe: Je 125 ml Milch getrennt aufkochen, zur Seite stellen und ca. 5 min abkühlen lassen. Die weiße und die dunkle Kuvertüre zerkleinern und jeweils in eine Milchportion einrühren. Die Sahne schlagen. Wenn die Schokosuppen nur mehr lauwarm sind, die dunkle mit Rum, die weiße mit Grand Marnier abschmecken und je die Hälfte der Sahne unterheben. (20 min)

Die Schokosuppen gleichzeitig vorsichtig in eine Tasse gießen und mit den Ingwerchips bestreuen. Mit dem Früchtespieß servieren.

Nestlé
BÄREN MARKE
Feine 12

Cappuccino-Rafaello-Lasagne

mit Kaffeeparfait und einer Bananen-Kondensmilch-Sauce

E i n k a u f s l i s t e

Rafaello
Bananen
Zitrone
Milch
Sahne
Kondensmilch
Dany + Sahne
(Schokoladenpudding)
Cappuccinopulver
löslicher Kaffee
Gelatine

sowie Zutaten
aus dem Grundvorrat

Cappuccino-Rafaello-Lasagne mit Kaffeeparfait und einer Bananen-Kondensmilch-Sauce

Zutaten für 2 Personen

1 TL löslicher Kaffee
1/8 l Milch
1 Dany + Sahne (Schokoladenpudding)
6 Rafaellos
4 Blatt Gelatine
40 g Zucker
2 EL Cappuccinopulver
1/8 l Sahne
50 ml Kondensmilch
1/2 Banane
1 Zitrone

Zubereitungszeit 40 min
Gefrierzeit 1-2 Std.

Kaffeeparfait: Den löslichen Kaffee in 2 EL Milch glattrühren, unter das Dany + Sahne heben, in ein Förmchen füllen und für ca. 1 bis 2 Stunden in den Froster stellen. (Zubereitungszeit 10 min)

Während das Parfait kühlt:
Rafaellos im Abstand von 6 cm auf eine Klarsichtfolie legen, eine zweite Folie darübergeben, Rafaellos einzeln plattdrücken und einfrieren.
Für den Cappuccino die Gelatine in 1 Tasse kaltem Wasser einweichen. 50 ml Milch aufkochen, 3 EL Zucker und das Cappuccinopulver einrühren. Die Gelatine ausdrücken, dazugeben, restliche Milch darunterrühren und für 15 min kaltstellen. Die Sahne schlagen und unter den Cappuccino heben. Bis zur Weiterverwendung kalt stellen. (20 min)

Sauce: Kondensmilch aufkochen, mit etwas Zucker abschmecken. Die Banane in Streifen schneiden, unter die Kondensmilch geben und etwas Zitronensaft zugeben. Beim Anrichten die Cappuccinomousse mit den gefrorenen Rafaelloblättchen abwechselnd aufeinanderschichten. (10 min)

AEG

Kühlschranklagerung

So sind Ihre Lebensmittel am besten aufgehoben

Seltener einkaufen und gesünder leben - dem Kühlschrank sei Dank. Schon bei 5° bleiben Ihre Lebensmittel bis zu drei Mal länger frisch. Die wichtigen Vitamine, Nährstoffe und ein "knackiges" Aussehen bleiben so erhalten. Vorausgesetzt, die Produkte werden richtig gelagert.

In Ihren Kühlschrank herrschen verschiedene Temperaturen zwischen 0° und 14°. Die kühlsten Bereiche befinden sich dabei an der Rückwand und im untersten Fach über dem Gemüsebehälter. Hier sollten alle Produkte gelagert werden, die sachnell verderben.

Ausschlaggebend für die Haltbarkeitsdauer ist auch die Luftfeuchtigkeit. Eine relative Luftfeuchtigkeit von 90% verhindert das Austrocknen der Lebensmittel.

Und so bestücken Sie Ihren Kühlschrank richtig:
Die Fächer an der Innenseite der Kühlschranktüre sind für Butter und Käse (ganz oben einordnen) gedacht, darunter für Eier, Tuben und Konserven; in die unterste Türablage gehören die Getränke.
Gemüse, Salat und Obst findet am besten in den unteren Ablagekörben Platz.
Darüber - in der kältesten Zone - sollten Fleisch, Fisch und Geflügel gelagert werden. Auf der nächsten Etage verstauen Sie Milch, Milchprodukte und gegarte Speisen. Ganz oben schließlich Backwaren, Marmelade (und Käse, wenn der Platz in der Türablage nicht ausreicht).

Ein **Tiefkühlfach** oder eine Tiefkühltruhe ist eine praktische Sache. Bei Temperaturen von -18° und kälter bleiben Lebensmittel monatelang frisch. Doch nicht alles läßt sich gut einfrieren. Problemlos einzufrieren sind Fleisch, Fisch, Wild und Geflügel. Und natürlich Fertiggerichte und die handelsübliche Tiefkühlkost.
Aber Achtung: Stark wasserhaltige Gemüse- und Obstsorten wie Kartoffeln, Gurken, Tomaten, Blattsalate, Paprika, Zucchini und Auberginen, sowie Trauben, Äpfel und Birnen gehören nicht in das Gefrierfach. Dasselbe gilt für Bananen und sonstige Südfrüchte. Sie brauchen sogar eine Mindesttemperatur von +13°.

Wenn Sie diese Empfehlungen beachten, haben Sie immer dann die passenden Produkte zur Hand, wenn sie sie zum Kochen benötigen.

Zum Schluss noch einige Tipps:
- Lassen Sie warme Speisen immer außerhalb des Kühlschranks abkühlen.
- Ordnen Sie die Lebensmittel immer verpackt oder zumindest gut abgedeckt ein.
- Lagern Sie die Lebensmittel nicht zu dicht aneinander. Dann kann die Luft besser zirkulieren und eine Geruchsübertragung wird vermieden.
- Gemüse sollte vor dem Einfrieren unbedingt blanchiert werden - Ausnahme: Spargel.

Menuvorschläge

1

Salat von mariniertem Staudensellerie
mit gebackenem Limburger Käse und Salami-Brotsalat, 26

Gebratene Grießnockerln
auf Vichy-Karotten, 66

Trippa alla Fiorentina, *110*

Rhabarber-Schlupfer
mit Marzipansauce, 140

2

Süß-saurer Limburgersalat
mit Rosinen und Staudensellerie, 28

Lachs-Piccata auf Farfalle
in Estragon-Butter-Sauce und Broccoli-Stibbe, 54

Gratinierte Lammkeule auf Frühlingslauch
mit Schmortomaten, 102

Rosmarin-Panna-Cotta
mit Erdbeer-Grütze, 134

3

Salat von gebratenem Tafelspitz
mit geräuchertem Forellenfilet im Ziegenkäse-Mantel, 14

Spinat-Suppe
mit Lammhaxen-Ravioli, 58

Gebratenes Rotbarschfilet
mit karamelisiertem Rettich und Safran-Kartoffeln, 84

Arme Amaretto-Ritter
mit Rhabarber-Kompott, 142

4

Gratinierte Rahm-Gnocchi
mit Thunfisch-Gurken-Mayonnaise, 22

Spargelessenz
mit Schmelzzwiebel-Crostini, 36

Mit Glasnudeln frittierte Hähnchenbrust
auf Folienspargel mit gebratenem Feldsalat, 90

Karamelisierte Früchte
mit Ying & Yang-Schokosuppe und Ingwer-Chips, 146

5

Marinierter Tafelspitz
mit Rosmarin-Kartoffeln, 16

Tomatensalat
mit Artischocken-Vinaigrette, 42

Pochierter Puten-Rollmops auf geschmortem Fenchel
mit Basilikumschaum, 96

Cappuccino-Rafaello-Lasagne
mit Kaffeeparfait und einer Bananen-Kondensmilch-Sauce, 150

6

Thunfisch-Mousse
mit Salat von gebratenen Gnocchi und Salatgurke, 20

Broccoli-Gemüse
mit Butterlachs, 52

Schaschlik vom Milchferkel
mit Roten Beten auf Mango-Curry-Sauce, 120

Geeister Buttermilchshake
mit Erdbeer-Spieß, 136

Register

Wir danken für die freundliche Unterstützung:

AEG Hausgeräte GmbH

Muggenhoferstrasse 135 · D-90429 Nürnberg

A&P Kaiser's Kaffeegeschäft AG Zentrale

Vorsterstrasse 66-68 · D-41748 Viersen

Porzellan Manufaktur Nymphenburg

Nördliches Schlossrondell 8 · D-80638 München

Culti

Ludwigstrasse 10 · D-80539 München

Küchenmagazin GmbH

Ludwigstrasse 6 · D-80539 München

Impressum

Herausgeber: Friederike Heyne
Konzeption und Gestaltung: Tina Oswald
Idee und Rezepte: Stefan Marquard
Fotos: Stefan Braun
Satz: Reinhold Zwiebler
Redaktion: Reinhard Modritz, Birgit Rademacker
Lektorat: Bärbel Schermer
Herstellung: Ute Hausleiter
Reproduktion: Repro Schmidt
Druck: Appl
Bindung: Monheim
ISBN: 3-7742-2400-5

Auflage: 05 04 03 02 01
Jahr: 2003 2002 2001 2000